PANGRAMA

PANGRAMA

ALEJANDRO CARRO

Valparaíso
EDICIONES

Número 559 de la Colección VALPARAÍSO DE POESÍA
dirigida por FEDERICO DÍAZ-GRANADOS

Diseño de colección y portada: Chari Nogales
Maquetación: Carlos Henson

Primera edición: marzo 2026

© De los poemas: Alejandro Carro
© Diseño de portada: Ángel Bialí Cardoso Olguín

© Valparaíso Ediciones
  C/ Fray Leopoldo, 7 bajo, 18014 Granada
  www.valparaisoediciones.es

  ISBN: 979-13-88007-43-9
  Depósito Legal: GR 233-2026

  Impreso en España - *Printed in Spain*
  Gráficas Gami

El papel utilizado para la impresión de este libro está calificado como papel ecológico y procede de bosques gestionados de manera sostenible

PANGRAMA

Para Érika Rocío,
porque gracias a su amor este libro existe.

I

EL VELOZ MURCIÉLAGO HINDÚ COMÍA FELIZ CARDILLO Y KIWI

AGUACATE SIN SEMILLA

Recuerdo cuando eras eterna,
cuando no podías mirar por más de seis minutos un puñado de
    soledad para no subir de peso.
Te pienso cuando eras bella,
cuando tu piel tenía la textura de lo infinito;
entonces no debías escuchar el sonido de lentejas cayendo
porque de lo contrario sacarías de quicio a las básculas con el
    aroma de la gordura.
Recuerdo tu alma aquella tarde etérea.
En esos tiempos te enfurecía aspirar el sonido del crepúsculo
porque entonces la cinta métrica te castigaría y los látigos se
    negarían a medir tu cintura.
Te rememoro cuando solo podías tocar el olor de las frutas una
    vez cada quince días
porque si no el espejo se rehusaría a transmitir en alta definición
la imagen enviada desde lo más profundo de tu cerebro.
Te evoco repartiendo volantes donde anunciabas los secretos
    desnudos de tu privacidad
a cambio de que tu espalda jamás perdiera las alas crecidas en la
    adolescencia.
Te veo cuando solo deseabas alimentarte de electricidad
porque era de las pocas cosas que no aportaban calorías pero
    cuyo tacto te resultaba insípido.

Te miro infinita como la noche,
lejana como lo que está cerca,
eterna en tu muerte muda, pétrea, inanimada que da escalofrío

pasar frente a la puerta de tu sepultura
de donde de vez en cuando sales para recordarme los detalles de
    tus dietas.

CORAZÓN MOLUSCO

De todas las vísceras humanas, el alma es la más difícil de
   reemplazar.
Cuando se necesita un trasplante de alma,
se debe buscar aquella que desarrolle espinas lo suficientemente
   agudas para reventar cualquier tipo de cáncer con potencial de
   morderla.
Se requiere un filo muy especial para que el alma rebane en hojas
   precisamente delgadas aquel amor rescatable del pasado.
Si se consigue un alma con tendencia a hincharse de los nervios,
probablemente el odio se concentre en cuello, espalda y punta
   del zapato.
Si nuestro pasado desarrolla tejido cancerígeno,
el alma se eriza como un cactus y revienta el futuro inflado de
   presente
que se convierte en aire quebradizo.
Si el alma se presenta en sonido estereofónico,
posiblemente es necesario aprender a dormir de nuevo y cuáles
   son los principios básicos del sueño.
Se comienza con el segundo paso:
imaginar algo agradable.
Incluso hay quien recurre a fantasear con fantasmas tristes a fin
   de que su alma continúe absorbiendo las lágrimas que escurren
   desde la memoria remota.
Cuando ya se ha recordado cómo debe hacerse para dormir y
   soñar bien,
el corazón se encuentra listo para ser un músculo entronizado
   como el rey de las vísceras.
Paso a paso sus latidos, paso a paso cada una de sus notas.

El corazón puede transformarse en un puño o en un pulpo sin
   tentáculos,
en un pulpo sin huellas dactilares.
Rojo pulpo o rojo puño, rojo pulpo corazón molusco.
No se enfermará mientras siga recordando,
mientras siga soñando con el odio que engendró en otros
   moluscos.
El alma también es una sombra habitante de la mente de los
   pulpos
y en ocasiones la manchan de tinta.
El alma entonces puede marcar su huella en los contratos
   firmados con su propia sangre,
sangre del corazón molusco, el único músculo que no se enferma
   de cáncer.

TAXI DRIVER

Viajar en taxi hacia el pasado es una de las ocupaciones más
lluviosas que pueda uno realizar de noche.
Viajar, por ejemplo, hacia esas zonas del ayer que conservan su
apariencia de presente
donde fantasmas luminosos nos esperan en los lugares de
siempre.
Regresar a un sitio cuyas páginas están escritas con la misma letra
temblorosa de emoción del primer beso.
Transitar esas calles donde nuestra infancia corre tratando de
atrapar por el hilo al último domingo de las vacaciones
que se escapa hacia las nubes.
Pasar por esos tiempos mezcla de sombra y alegría
donde la felicidad sale de día y la tristeza camina por la noche
tapizada de lluvia.
Hay una luz que no se sabe si viene del hoy o del ayer pero
ilumina ambos hemisferios del recuerdo
y es un rayo que proyecta todas las sombras que hemos sido.
También hay un lugar del tiempo donde simplemente somos,
donde los minutos giran alrededor nuestro como planetas o
insectos orbitando una llama.
Algunos taxistas nombran a esta zona centro del laberinto,
el punto cero del tiempo numérico,
un lugar donde la música de sus radios se escucha a uno y otro
lado de la lluvia.

LA MÁQUINA DE CAMINAR

Cuando el dolor rompe la jaula donde estuvo preso
es momento de que la máquina se prepare para morir otra vez.
Cuando los muertos escapan por la chimenea convertidos en humo
que volverá a vivir en todas partes
es hora de que las máquinas mediten acerca de cuál será el mejor
destino para sus propias almas.
Si el dolor se desborda y lleva en olas pensamientos y recuerdos
náufragos y mañana aparecen sobre la playa del olvido como
hermosos robots ahogados
es momento perfecto para agradecer que el dolor deje las huellas
buscadas tantas horas en las páginas de los libros.
Si la máquina de caminar debe morir por tercera vez
ojalá sus cenizas puedan ser divididas entre sus sueños húmedos
y las manos de los médicos que hicieron todo lo posible por evitarle
esa muerte por dolor.
Porque si los humanos no encuentran refacciones para sus rodillas
o talones en los deshuesaderos instalados los domingos en los
cementerios
quién nos garantiza que alguna tuerca o tornillo pueda ser
cultivado desde la célula madre que dio origen a la máquina de
caminar.
Cuando un sueño se quema y echa humo por todas las
habitaciones del cerebro
hay que pensar que sus cenizas divididas resultarían muy útiles
para fertilizar las páginas y fertilizar el tiempo,
más si son cenizas del metal con el que Dios creó al primer Adán,
quien tras ello enfermó gravemente y sintió vergüenza de andar
desnudo mostrando el brillo de sus fierros

y necesitó un trasplante de tornillos para apretarle la caja del
   alma y seguir funcionando.
La máquina del dolor tocará esta noche una música tan
   paranoica
que caminar resultará tan doloroso como un hueso creciendo
   donde no debía
pero demostrará ante todos la humanidad del acero con el que
   fue clonada la máquina de agonizar.

TRAGAÑOS

A veces la glucosa comienza a llover en tu pasado y cambia todo
lo que habías comido.
Gotas de carbohidratos empiezan a estrellarse en el parabrisas de
tus venas y empañan el rojo de tu sangre.
Cuando una dieta es capaz de armar una nube de la nada y
elevarla más allá de los índices normales de azúcar en ayunas
estamos hablando de un metabolismo viajante en carretera.
Cuando un platillo es capaz de hacer granizar las calorías
estamos ante un prodigio meteorológico a cien kilómetros por
hora.
Para derretir esa glucosa será necesario cruzar a nado el mar,
circular la sangre hacia el pasado para encontrar el momento
exacto cuando las manecillas del páncreas perdieron la
sincronía.
Quién hará que los triglicéridos se mantengan brillando en la
noche metabólica sin interferir en el ocaso de las arterias.
Quién conseguirá que todas esas calorías crucen el mar en el afán
de hacer volar las nubes.
Quién logrará que con las proteínas podamos viajar hacia el
futuro,
metabolizar el presente y hacer el pasado cada vez más nuestro
con cada brazada para atravesar esa mar olímpica de azúcar.

EXAMEN DE LA VISTA GRATIS

Los lectores tienen hambre de historias humanas,
como la del edificio que requiere hemodiálisis porque sus
    tuberías están enfermas,
como la de la iglesia desgarrando sus campanas para llamar a
    feligreses que jamás han de llegar,
como la de la calle anhelante de paseantes un viernes por la
    noche.
No hay nada más triste que un viernes sin memoria,
olvidado de su oficio de relajación,
que se queda a trabajar hasta bajas horas de la noche y llega al
    punto de transformarse en sábado
y así durante años.
Es entonces cuando el fin de semana se da cuenta
ante tanta oscuridad que lo deslumbra
de que ha llegado el momento de abrir los ojos,
de que los sueños lo llevan por tantos caminos y él está
    perfectamente quieto.

Los televidentes están deseosos de historias humanas,
como la de la báscula deprimida porque no puede marcar el peso
    ideal,
como la de la cinta métrica culpándose por señalar una
    circunferencia de cintura mayor,
como la de la carta llorosa porque no es portadora de buenas
    noticias.

A veces lo más recomendable es apagar el televisor y sintonizar el
    canal del cielo,

un cielo tan transparente que alcancen a verse todas las estrellas
    nadando en su fondo,
un cielo tan turbio que sus aguas nublan cualquier mirada,
un cielo cuya piel se quema y arde hasta la lepra,
un cielo cuya voz enluta los corazones,
un cielo cuyo aroma hace pensar en lo increado,
un cielo cuyo tacto nos deja en las manos una sensación algo
    cóncava
pero muy azul tirando a lo imposible.

Para ver mejor, a veces resulta indispensable
arrancarse los ojos.

INSULINA

Si el amor se vuelve resistente a la belleza de un aroma desnudo
entonces es momento de que el veneno de su virus mute para
    adelgazarnos.
Si los ejercicios o la dieta del amor ya no son suficientes para
    seguir desapareciendo
ha llegado la hora de modificarlos por completo para que el alma
    no se acostumbre a los mismos sueños de todas las noches.
En la medida de lo posible
se debe revivir en forma de camino por donde corren los
    muertos,
en vapor que nace del frío y empaña el lado oscuro de los espejos
    para escribir sobre ellos,
en colibrí que de noche chupa el clítoris de las flores,
en flecha traspasando la dura piel del aire,
en el silencio habitante del centro de las vértebras.
La mejor manera de que el páncreas no se vuelva resistente a la
    amargura del enamoramiento
es dormir en la posición acostumbrada cuando aún crecíamos
    dentro del vientre de la noche.

ENDODONCIA (TIRANERVIOS)

Normalmente el tiempo debe llover sobre nosotros
pero cuando alguna mano lo voltea con propósitos desconocidos
en su transcurrir se abre un agujero difícil de suturar.
Cuando el dolor se atornilla en nuestra carne
les da cuerda a los gusanos que allí viven y nos hacen sentir.
Entonces hay moléculas cuyo oficio consiste únicamente en el
    dolor y están atentas,
escondidas en sus cuevas en espera de punzar,
de ejercer la profesión para la que fueron hechas.
Los gusanos del dolor se retuercen entre nuestros dientes
y no existe otra manera para aniquilarlos que convertirlos en
    momias.
El tiempo, asimismo, se especializó en la creación de células que
    cuando caen sobre nosotros sólo llueven muerte.
Si el tiempo se reinicia
siempre es necesario suturar las orillas de nuestro dolor
para que células de tiempo no se nos atoren en los dientes
pero si las larvas de las horas siguen retorciéndose y no le
    permiten caminar a la arena de nuestros relojes
no nos queda más que sentir nostalgia por aquella báscula
(reloj de una sola manecilla)
que pesaba el tiempo y entre más llovía sobre ella
más nos hacía adelgazar.

TIEMPO CIÁTICO

Cuando mandamos nuestro dolor por correo
cuán tardado es que llegue al buzón del analgésico.
Demora tanto nuestro envío
que es posible observar cómo se abre un agujero en el tiempo,
cómo desde el fondo del infinito alguien jala los hilos hasta
    descoserlo,
cómo va cayendo a manera de polvo sobre las palabras y el amor.
Si nuestro paquete postal es capaz de pasar por la parte más
    estrecha de las horas,
si les quiebra la cintura,
probablemente algún día nuestro destinatario tendrá entre sus
    manos el dolor enviado a través del tiempo ciático
en un camino tan corto que sin embargo se demoró tanto
que ese lento mensajero no merece propina de palabras ni
    felicitación postal.
Si el tiempo puede confundirse con azúcar que tarde o temprano
    terminará por sepultarnos
no confiemos en el servicio de correo para pedir auxilio.
Antes bien, permitamos al azúcar endulzar nuestro sufrimiento
    hasta el último de sus granos.

LA BELLEZA DEL MIEDO

La lluvia que se levanta a medianoche y comienza a deambular
  por la ciudad
les provoca pesadillas a las nubes,
les causa sueños de relámpago y oscuros arcoíris.
Una lluvia sonámbula nos seguirá palabra por palabra
para sermonearnos de los pies hasta las muelas.
Un aguacero caminante dormido corre el riesgo de despertar
  con el resonar de sus pasos
al terremoto que rechina los dientes y saca chispas de las muelas.
Mirar la lluvia arder en medio de ese despertar telúrico
puede dejar mudas de sed a las macetas y encender ideas
  boreales.
Si la lluvia esta noche monta su espectáculo de luz y movimiento
  para que yo no duerma
solamente le pido a cambio ya no apretarme los dientes,
que me permita adelgazar veinte años de culpas,
no me impida liberarme del peso de mi hambre,
no eyacule relámpagos dentro de las conciencias,
me devuelva a aquel tiempo cuando aún no existían las pantallas
  pandémicas
y el insomnio se escribía sobre hojas de papel.

GRITOS HUECOS

Eras una estatua muerta de lluvia bajo el sol estrujante
y a pesar de tener ojos no podías ver nada.
Tu piel endurecida se transformaba en cáscara que te atrapaba el
   alma
pero no me decías nada cuando el hambre te devoraba y no
   sabías comer.
Fuiste una roca de gritos huecos para esculpir hasta sacar aquel
   silencio habitante de sus entrañas.
Ayer eras una idea girando tan lentamente sobre su propio eje
que hasta los brazos de su pensamiento se petrificaban bajo la
   mirada del cielo
y tu tristeza caía a gotas agigantadas como conos de acero que
   nunca se moverían de la imaginación del desierto.
Alguna vez te vi morir de frescura mientras la espiral de tu
   galaxia se movía tan lento que era una piedra viva
y mientras tu vista ciega me tocaba mi pensamiento se fue
   calcificando y comencé a ser roca yo también,
una roca de palabras tan duras para esculpir con el cincel de
   aquel silencio de tus labios
que, aunque perfectos, no volverían a ser de carne.

HOME OFFICE

En todo caso
ocultemos los síntomas delatores de cualquier tipo de virus
   prematuro.
De lo contrario
Dios deja de enviar señales y pone nuestra mente a girar en
   epidemia de colores que solo puede resolverse si nos acercamos
   a su módem
(el hardware de Dios en verdad luce muy deteriorado
pero tengamos en cuenta que muy pocas veces tiene oportunidad
   de actualizar su sistema operativo).
De otra manera
cuán lento se vuelve el futuro, cuán tardada es la descarga de
   pandemia.
Oh, cuántas máquinas infectará,
cuántas máquinas serán necesarias para descargar la cuarentena.
Los síntomas de una conexión lenta solo se conocerán hasta que
   todos los contagios hayan vuelto del presente.
Qué combinación de teclas evitará que el cansancio se propague
   a todo el espectro del insomnio,
qué comando impedirá que un virus infecte nuestra sombra.
Lo mejor será permanecer asintomático por decisión propia,
inocular cuanto antes el software del espíritu.
Si no queda más remedio que enfermarse por una señal débil
y una conexión no tan potente como lo decreta nuestro
   horóscopo,
en el mejor de los casos es preferible doblegarse ante los virus y
   contagiarse de la muerte
pero asintomática.

GANAR, GUSTAR Y GOLEAR

Llegó el momento de que los radiotelescopios capten la primera
   palabra pronunciada por el cosmos,
aquella cuya explosión eterna desintegró sus átomos y dispersó
   sus electrones tónicos.
Es tiempo de que los instrumentos ópticos dirijan la mirada a lo
   escrito por el universo,
hacia lo que la noche dice a gritos,
a las palabras tan pesadas como estrellas
que no dejan salir la luz y arrastran los significados a su centro.
Si buscamos esa frase iniciadora de las horas
será mejor prepararnos para escuchar el secreto irrepetible,
tan increíble que las galaxias tienen prohibido reflejarlo.
Si logramos observar esa palabra cuyas sílabas se siguen
   expandiendo sin cesar en la mente de todos los durmientes
debemos prepararnos también para encontrar aquella otra que
   encerrará de nuevo al cosmos en la antimateria.
Este debe ser secreto mejor guardado que el brillo de una lengua
   muerta pues
si por accidente un niño o un loco en sus desvaríos cosmológicos
   llegara a repetirla con la misma entonación y fuerza
   primigenias del estallido infinito
corremos el gran riesgo de que las palabras implosionen y todas
   las galaxias vuelvan a la semilla gramatical de donde vienen,
cuando las palabras eran anteriores a las voces,
cuando la desventura era una constelación aún no dibujada por
   nosotros,
y entonces nuestros huesos y nuestra misma sangre devolverían
   una por una las palabras que los componen

y volverían a anidar en la palabra eterna,
aquella no salida de ninguna boca.

WELCOME TO THE MACHINE

Quién bendice a las máquinas que no cometen pecado de
    omisión o de frialdad ante los ojos del creador.
Quién se apiada de su alma de metal
que arrastra horas extras por las naves industriales del olvido.
Quién reza por sus ánimas para que dejen pronto el purgatorio y
    lleguen a los hornos donde serán fundidas de nuevo
en la esperanza de la remetalización y alcanzar el reciclaje eterno.
Desde su espíritu sonoro golpeado con martillo
nos vienen resonancias que recuerdan el trabajo de sus huesos,
el rechinar de sus dientes dando vueltas alrededor de nuestra
    vida en su sacrificio en el calvario de las fábricas.
Quién les prende una veladora con espíritu de fragua para
    iluminarlas mientras laboran en la noche,
en la muerte animada de sus piezas reemplazables como carne de
    trasplante,
en el crujir de tuercas y resortes dislocados sin aceite
con que el gentil mecánico puede darles los santos óleos y
    quitarles el óxido.
Qué robot guardián cuida su sombra de trabajar doble jornada
    sin goce de descanso mientras bostezan.
Quién las desmantela o incinera para esparcir sus sueños de
    industria
ahí donde puedan florecer sus latidos de metal,
ahí donde los relojes
                    especialistas en medir olvidos y recuerdos
le dan cuerda a la vida mineral para que giren otra vez los
    engranes de la existencia.

MÉTODOS DE PURIFICACIÓN DEL ALMA

Primero se deshilachan los huesos,
poco a poco hasta que el esqueleto sea enteramente de cartílago,
poco a poco desarticular la espina dorsal hasta volver a ser
    invertebrados.
También hay quienes prefieren todo lo contrario y deciden
    endurecerse,
tanto como el silencio que en el fondo del mar respiran las rocas.
Por mi parte, aspiro a preparar mi espíritu como aquellas almas
    purificadas en aguas de otros mundos,
que están a punto de alcanzar la iluminación y saberlo todo a
    través de sus tentáculos,
que flotan por los pensamientos del cosmos sin pedirle nada al
    tiempo.
Asimismo, existen almas alimentadas por la brisa que sopla en la
    mente del océano,
ánimas rocosas que palpitan y son sensitivas gracias a la pulpa
    heredada del ADN de las llamas líquidas.
Estos espíritus han desarrollado una piel tan dura
que los hace parecer tan inamovibles como una flor de fauces
    abiertas.
Pero la más clara señal de que el alma se ha desembarazado de
    sus impedimentos óseos
se da cuando ya luce como una criatura alienígena
que se vuelve tan delicada como la conciencia de la cebolla
pero si se saca del agua y se deja secar el tiempo suficiente
conseguirá ponerse tan dura que sobrevivirá lejos del mar
y podrá adornar un mueble o cualquier otra superficie de la casa
moviendo sus tentáculos como una auténtica decoración viviente.

PONTIHÚ

Cuando las lágrimas en las ventanas fluyen hacia arriba
resulta plausible considerar sobrepasada la velocidad del aroma.
Las lágrimas ascienden como una cascada que ha encontrado
    el medio de vencer la ley de gravitación universal hasta que
    rebasan la rapidez del tacto.
Entonces, vencidas de sí mismas,
las lágrimas regresan a su realidad y resbalan por el cristal de la
    ventana luego de ser más interesantes que el paisaje.
Es en ese instante cuando las lágrimas lloran por sí mismas y sin
    proponérselo repiten el milagro,
hasta que la luna rompe la barrera de la velocidad del gusto y se
    debate entre nubes de sombra deseosas de hundirla.
La luna brilla a la velocidad del pensamiento, más allá de los
    límites de la nostalgia,
la tristeza cae sobre la Tierra y deja cráteres en los lugares donde
    aún no existen calles,
donde es imposible que el silencio tenga dirección y la piedra
    número.
Sofocada por el humo de las nubes, la luna tose y ese aliento
    empaña el brillo de su espejo.
En la orilla de la soledad, la lluvia cae tímidamente
como no queriendo romper la tradición de la sequía,
de aquellas plantas muertas, de aquellas estrellas sedientas.
Sin nombres de calles para recordar, la memoria solo busca
    piedras, árboles, senderos,
arroyos de sonidos secos hace mucho tiempo,
espejismos aparecidos de improviso para engañar o ayudar a
    llegar.

Por fin las pisadas del silencio, las huellas que un olor dejó en el
    recuerdo
nos llevan hasta el centro del pasado,
hasta la infancia del desierto,
al nacimiento del polvo,
cuando a la soledad todavía no le crecían espinas,
cuando el odio de Dios aún no ladraba y estaba atado en ninguna
    parte.
Llegamos a la casa que la tierra no ha acabado de parir,
donde se come un pan amasado con el polvo de los años y se
    beben las lágrimas que ascienden de las piedras,
donde el esqueleto del tiempo asusta a los insectos comedores de
    mazorcas increadas,
donde el armazón de la noche muestra las cuencas de los ojos
    ocupadas por el frío.

Cuando el rayo cae a la velocidad del aroma,
cuando el pensamiento alcanza la rapidez del tacto,
más allá de la barrera del gusto,
la soledad encuentra el lecho seco de un río de lágrimas que
    fluyeron hacia arriba
y corre en silencio en medio de caminos sin nombre.

II

LA CIGÜEÑA TOCABA EL SAXOFÓN
DETRÁS DEL PALENQUE DE PAJA

GRANNY SMITH

El azúcar todavía no se me subía a la cabeza,
aún no había aprendido a caer para arriba.
Después supe cómo caerme hacia el techo y rebotar varias veces
    antes de encontrar la salida por la ventana.
Entonces podía caerme hacia el sol, hacia la luna.
Cuídate de los rayos de luz:
te quemarán la voz antes de darte cuenta,
tu voz arderá y se convertirá en cenizas;
ya solo podré escucharla en las cintas magnetofónicas de mi
    memoria,
cada día más borrosas, cada día más enredadas.
Mientras caigo hacia el cielo miro los signos de interrogación en
    que se convierten los árboles,
cómo su savia se llena de preguntas nunca respondidas por el
    viento.
Todavía recuerdo cuando no lograba ver muy bien,
cuando aún no estrenaba mis ojos de vampiro,
cuando podía distinguir los asteroides solo hasta tenerlos encima.
Eso era antes de embriagarme con azúcar,
de que la dulzura se me subiera a la cabeza,
cuando caminaba de cabeza por el techo de la casa,
cuando el suelo se convertía en un espejo traído por la lluvia,
antes de que tu voz se inundara y naufragara junto con tu
    fantasma,
antes de que le dispararas al reloj y el tiempo malherido se
    detuviera para siempre,
antes de que fueras la joven cuyos besos me dejaban un sabor a
    limones.

EL PASE A LA RED

Regreso para recordar aquel tiempo cuando mi cuerpo quemaba
   toda la tristeza que lo alimentaba.
Hoy mi metabolismo no la procesa si antes no he tomado un kilo
   de libros en ayunas.
Recuerdo cuando caminaba sobre el abismo del insomnio en la
   cuerda floja viendo para abajo y sin perder el paso;
ahora me tropiezo y caigo para arriba en las escaleras mientras
   trato de ducharme, lavarme los dientes, leer y vestirme al
   tiempo de dormir un poco.
Recuerdo cuando lanzaba preguntas al viento y demoraba millas
   en contestarme.
Quizás no agregaba los signos de interrogación correspondientes
   o no sabía interpretar las respuestas
en medio del huracán que me mandaba:
las palabras del viento siempre serán objeto de más de una
   interpretación.
Todavía recuerdo cuando sin dificultad encendía la puerta y
   abría la luz de la casa,
cuando mis huesos no se deformaban de angustia,
cuando durmiendo quemaba mi soledad
y no me ardía la cintura cuando demasiado ruido se me
   acumulaba en el alma.

SOPA DE NUBES

Me sacudo el tiempo caído sobre mis huesos tantos años colgados
en el clóset.
El calor de mi sombra se revuelve con el frío de la lluvia y
empañan el cristal de la atmósfera.
El motor de la noche también mezcla su corazón caliente con el
aire helado
y deja escapar su vaho cuando pronuncia una palabra.
En medio de su soledad,
un hombre encuentra en su rasuradora eléctrica a la única voz
que quiere ser su amiga.
Un teléfono público aguarda pacientemente bajo la lluvia que
alguien se acerque a conversar con él.
Todavía recuerdo cuando yo también esperaba bajo el polvo que
me descolgaras.
Mientras tanto yo me quedaba en silencio escuchando con
atención la telegrafía de las goteras,
cómo ardían de pasión los quemadores de la estufa,
cómo se suicidaban las burbujas en el fondo de la lavadora.
Cuando encendía las noticias
veía las pesadillas soñadas por el televisor.
Estas palabras quieren moverse como nubes,
se revuelven como sopa de letras en el plato,
sopa de nubes cambiando con el viento que la enfría.

OTRO RECADO A
ROSARIO CASTELLANOS

Mis venas se extienden por mi cuerpo como calles sin números,
las calles se bifurcan por la ciudad como las líneas de mi mano.
¿Quién me leerá las calles de la palma para descifrar mi destino?
¿En qué esquina de mi mano se cruzan las calles del amor y la
    vida?
¿Cómo encontrar la dirección a donde debe llegar una carta si
    mis venas no tienen números,
cómo hallar un código postal en mi palma?

Si la poesía tiene una potencia en kilowatts,
¿cuánta electricidad es necesaria para sentirla hormiguear por el
    espíritu?,
¿cuánta poesía se necesitará para matarte?
Condenado a revivir en la silla poética,
tu cuerpo se levantará como un Frankenstein de las metáforas del
    galvanismo.
Aquella poesía capaz de asesinarte ahora también te devolverá la
    vida.
(A veces una ligera descarga por las noches ayuda a revivir
    cuando se te olvida respirar).
Toda la poesía contenida en una lámpara, en un apagador,
en un hipérbaton, en un asíndeton
puede circular por las calles de tus nervios,
encenderá tus venas como en una iluminación de Navidad.

Cuando sientas la poesía cosquilleando en las calles de tus manos
toma firmemente a quien esté a tu lado
y compártele en un grito su descarga revitalizante.

BOLSA DE TRABAJO

No tengo nada que decir porque no salgo a la calle.
¿Qué noticias voy a dar? ¿Qué imágenes coleccionaré para el
    periódico de los desempleados?
¿Cómo vender los recuerdos como noticias frescas?

Cuando te busco también estoy buscándome a mí mismo,
como me busco en el laberinto de mis huellas digitales,
como la voz del sol quemando a gritos el laberinto de la oreja,
como el aroma recorre el laberinto de la rosa para recordarlo en
    sueños.

¿Cómo podría encontrar trabajo un laberinto sin ninguna
    esperanza que lo recorra,
sin ninguna duda en busca de su centro?
Tendría que reunir todas sus ideas desocupadas y asignarles otro
    oficio.
Cuando una píldora es capaz de extraerle los colmillos a un dolor
    y lo deja tan inútil como un reloj sin tiempo
entonces es momento para el dolor de reinventarse,
como el agua, como las nubes se emplean a sí mismas,
como el miedo, la tristeza y la desesperación buscan otro empleo.
He aquí un ejemplo:
con finos, fríos, afilados colmillos como espuelas
las estrellas sorben la sangre de quienes no traen bufanda.
Cuando el cuerpo se interpone entre la virtud y el alma,
se produce un eclipse de tiempo.

Cuando al fin te encuentro en la oscuridad de la recámara
ya no hace falta encender la luz:
el oficio de tu desnudez resplandece por sí mismo.

MARATONISTA

El dolor empieza a correr desde el kilómetro cero a paso de
maratonista.
Se prohíbe desaprovechar un solo metro, desperdiciar una
zancada
para que no lo alcance la pastilla roja de analgésico.
Pero no transcurre demasiado tiempo para que lo empareje el
desempleo.
El desempleo corre con desocupación ligera y termina rebasando
al dolor y sacándole una vuelta de ventaja.
Para recuperar la delantera, el dolor deberá soportar el eco de su
voz rebotando en la garganta y una luz escandalosa,
descubrir cómo el agua caliente le quema al edificio la tubería de
sus venas
y cómo ese calor finalmente se pierde en el silencio atorado en
sus terminaciones nerviosas.
La salida y la llegada son una sola para el dolor:
el primer paso es también el último.
El desempleo en cambio puede seguir corriendo
indefinidamente.
Nada le importa más que recuperar los kilómetros perdidos
durante tantas vueltas de inactividad y calorías no utilizadas.

ACUARIO DE ALMAS

Quien se acuesta sin cenar tiene que consumir las reservas de
    energía almacenadas en sus sueños.
Debe soñar, por ejemplo, con esas almas habitantes del fondo del
    océano
que mueven sus tentáculos como vasos capilares.
Así, mi espíritu flota en las profundidades abisales
y con un impulso eléctrico o veneno
se defiende del hambre que se atreve a tocarlo.
Es en esa hondura de los sueños donde en el lecho del mar
el viento sopla y se presenta en los tres estados de la materia:
viento sólido, líquido y onírico.
Un cubo de viento, un viento hielo es capaz de provocar el mayor
    dolor de espalda
que cualquier espíritu de mar haya conocido jamás
y hacer sospechar erróneamente que su causa deben ser cuarenta
    y ocho horas de ayuno.
Mi espíritu moverá sus tentáculos,
será congelado dentro de un cubo de viento y se alimentará del
    veneno de sus sueños,
todo esto en detrimento de los músculos de su hambre.

5 VS. 2

A veces llueve dentro de mí
y es una lluvia que se escurre hasta la última de mis tuberías,
gotea en todas mis llaves.
Si llueve afuera el frío me despierta de la esclerosis laboral,
de esta vida de costumbres de oficina.
A veces desearía que Dios hubiera terminado de construirme,
hubiera puesto piel ahí donde se me miran los ladrillos.
A veces quisiera estar hecho de tronco y no cemento,
ver más bosque y menos avenidas.
Qué tristeza da saber que son siempre cinco contra dos.
¿Por qué no cuatro contra tres y todos en el mundo pudieran ser
    felices?
Cómo odio a los fumadores cuyas ansias se meten por mis
    rendijas e irritan mi ventilación.
El humo de su aburrimiento enfermará de cáncer mis paredes y
    manchará de amarillo mis ventanas
cuyas pupilas ven rodar todos los días la soledad.
Y siempre cinco contra dos, dos solamente que no pueden
    defenderse;
aunque esos dos sean tan brillantes como la luna cuando estaba
    nueva y tenía todos sus watts
todo el tiempo serán vencidos por la insidia de los cinco.
Si por lo menos dentro de mí habitara una mujer,
si por lo menos me alumbrara solo un poco de belleza,
si en mí brillara algo de música que pintara mis paredes
    descarnadas
y borrara la publicidad en la poesía.

NO HAY BORRACHO QUE COMA LUMBRE

Cuando me quedo ciego,
dibujar las calorías que cabalgarán por mis sueños e incendiarán
    mi imaginación
sin mover un solo músculo de la memoria, que recuerda el
    futuro donde me dejas.
Cuando me quedo sordo,
componer el sonido de esa imagen donde tu sombra hueca es un
    autómata que va sin rumbo en el amor
mientras yo cuento las horas de mis celos resonando en el eco de
    mi espejo.
Cuando me quedo muerto y mis recuerdos solamente reconocen
    cierto lado de la cama
del otro lado de mi muerte yaces tú y todos los aromas que no
    caben en mi tintero,
las caricias que no brillan en mi olvido,
los sabores que no se apiadan de mi apetito.
¿Qué imagen pintará esta noche mi sordera?
¿Qué música compondrá eternamente mi ceguera?
¿Qué amor perseguirá mi muerte que no seas tú huyendo de mis
    deseos
que solo quieren dibujarte?

7 MIL RPM

El insomnio se había tornado árido

seco

desértico

y mis sueños a pesar de ello tuvieron la fuerza para florecer.
Con las escasas horas que les mojaban la garganta
mis sueños vieron a Dios bajo el microscopio
cuando aún era del tamaño de un virus que se propagó en
    pandemia por el mundo,
miraron a Dios sacar a la luna del costillar derecho de la Tierra.
Mi corazón corriendo a siete mil revoluciones por minuto en el
    desierto del insomnio
vio las horas retorcerse como ideas,
miró el aire caliente petrificarse como escultura de palabras
    endurecidas,
sintió un dolor que se quedará a vivir en el espinazo del desierto
    para siempre,
tuvo a Dios entre sus manos convertido en piedra vomitada por
    la tierra,
endurecida ya después de reventarse sus burbujas bajo el sol
que lo mordía con odio a siete mil revoluciones por minuto.

206

Mi reino a cambio de una vértebra sin lumbalgia,
mi alma por un diente para mi sonrisa.
Cuando la conciencia cruje porque no doblamos las rodillas para
    levantar nuestro orgullo
se vuelve necesario comprender que un hueso vale más de lo que
    pesa en oro.
Cuando el dolor camina en posición erguida
cobra relevancia revisitar la evolución del espíritu durante la
    etapa
cuando se convirtió en criatura bípeda.
Si la ortopedia se encorva
no queda más remedio que añorar la felicidad reflejada en
    nuestras radiografías de cráneo.
La memoria invertebrada guarda en su pedazo de tierra más
    amado
el esqueleto de nuestra juventud
que recuerda gozoso el tiempo cuando podía moverse sin
    derramar huesos y lamentos.

PRESBICIA

Una mirada pandémica brinda la oportunidad de escuchar el
   mundo de manera distinta,
de averiguar si el cielo amaneció azul afónico
o si el atardecer con su voz ardorosa incendiará la memoria de las
   calles.
Es lindo darse cuenta de que la vida sigue retorciéndose a pesar
   de la falta de vacunas,
de que no habrá nada que logre endurecer su pensamiento.
Resulta por completo agradable percatarse de que la tierra no ha
   perdido el filo de sus colmillos,
de que todavía nos muerde con sus ojos de serpiente,
de que las ideas del desierto reverdecen a insistencia de las
   lágrimas
que permanecen inmutables bajo el sol como rocas de olímpicos
   colores.
Con una nueva prótesis para la vista endurecida,
me alegra saber que ciertas palabras han sobrevivido,
las más fuertes, las asintomáticas, las más resistentes a la sequía,
aquellas que inmunizaron la memoria para nunca padecer de
   una lectura cansada,
que salvaron a quienes jamás aprendieron a amar ni de lejos ni
   de cerca.

LA NOCHE DE LOS HUESOS INSOMNES

La peor maldición de todas es no poder morir,
llevarse consigo a la tumba el feo hábito de no conciliar la
    muerte.
Cuánto tiempo esperando que mi sombra muriera conmigo,
que sus pixeles poco a poco perdieran el brillo
y ahora mi sombra tampoco escapa de este insomnio
para que al menos me traiga noticias de la vida.
En medio de este desvelo en muerte
mi cabello tampoco consigue dormir,
mis uñas se niegan a pegar el ojo:
continúan creciendo como mi sombra
cuya carne pronto ya no cabrá en la noche.
Si por lo menos aquí debajo de la tierra pudiera buscarte,
si fuera posible seguir el cordón umbilical de mi alma hasta llegar
    a la tuya,
si al encontrarte arribara también al pasado y lo tuviera en mis
    manos.
Tratando de morir finalmente he buscado los recuerdos yacentes
    en la memoria de las piedras;
las piedras durmientes también liberan en su subconsciente la
    hormona del viaje al pasado,
la cual solo organismos muy avanzados consiguen producir.
A veces el alma segrega una sustancia que nos pone de improviso
    en los días muertos hace mucho,
es capaz de exhumar fechas en el calendario.
Mientras eso sucede, yo sigo intentando sacar de las piedras y su
    memoria de largo plazo alguna imagen de tu rostro,
algún secreto de tu juventud.

En tanto mi despierto corazón almacena los rayos de sol que caen
    sobre mi muerte para quemarlos durante el invierno,
durante la noche de mis huesos insomnes.
Me pregunto si la luna continúa brillando en el pasado,
si alumbra tu muerte como lo hacía cuando vivías.
Tal vez los sueños de las piedras al fin me revelen tu cara
o cuando balbuceen dormidas armen tu retrato hablado.
¿Pero qué sucederá cuando la Muerte se digne responder mis
    ruegos y no solo me deje en visto,
cuando finalmente mi sombra muera conmigo
y deje de ser propensa a las enfermedades de transmisión mental?

CARTABÓN

Mientras viajo al pasado,
los tres lados de mi alma cambian de color para domesticar mi
    sueño.
Mientras el silencio cae a gotas,
mientras el fuego de mi espíritu se escurre en la negrura
la noche late en sus estrellas con un brillo cardiaco.
Sueñan los tres lados de mi alma y sus colores pierden simetría:
hay seres estelares que afirman que la suma de sus ángulos da azul;
otros, sin embargo, no dudan de su verdosidad.
Prefiero tener sombra a tener alma,
mi sombra la parte más pura de mi ser,
mi sombra sin vísceras que se decoloren,
multiplicada por las luces que la mojan,
mi sombra hija del sol,
mi sombra azul o verde según se acerque o se aleje del futuro.

BRONTOSAURIO

Los sueños no soñados se pudren debajo de tus párpados
hambrientos de las horas no comidas por tu cansancio.
Intentas amarrar tu dolor,
adormecerlo para no sentir,
pero sus mordidas se desatan,
en gruesas gotas resbalan por tus huesos,
te ladra que no se irá porque le perteneces desde siempre.
El tiempo crece en el silencio y pronuncia tu verdadero nombre,
te llama para seguir las hebras del pasado,
cuando aún no te volvías anoréxico de sueño,
cuando el dolor trataba de apagar tu alma
que se despeinaba con su aliento frío.

MUELAS DE COYOTE

El dolor se había posado sobre tus huesos
y tu sombra era incapaz de hacer otra cosa que arder.
Entonces, para que el miedo no se metiera por entre tus dientes,
debías masticar tu asombro de un solo lado y evitar el sangrado
    de tus sueños.
Pero el estupor ya te había cosido los labios
y los gritos que tragabas arrastraron tus lágrimas hasta el fondo
    del silencio.
Cuando tu corazón se agrietaba
suturabas su tierra con sangre salida de tu voz.
Mas era demasiado tarde porque el espanto se había escondido
    bajo tus uñas
y tu espíritu era la única de tus vísceras que no dejaba de punzar.
Entre tus muelas
un cráter hasta el centro de ti mismo;
sobre tu lengua
el sabor del insomnio apretándote con sus tentáculos;
en tu corazón
el amargor de un recuerdo que tu memoria tiene prohibido
    escupir.

FUTBOL TOTAL

Mientras las aguas del sueño me inundan,
me sumergen en su naufragio infinito,
pienso en lo hermoso que sería si las nubes no tuvieran la
    costumbre del sonambulismo,
no se levantaran a orinar los sueños de los perros que dormidos
    ladran.
Cómo desearía que el sueño ahogara a las hormigas que
    acalambran mi memoria,
dormir por una noche sin que las nubes tartamudearan sobre mi
    cabeza.
Si una nube se rebana
nos es posible ver el nervio que chorrea y desata todos los
    insomnios.
El insomnio se escurre y nos hace recordar todos los amores que
    alguna vez nos hicieron llover dormidos
como si un hormiguear del espíritu fuera lo más natural del
    mundo.
Del museo de nuestro cuerpo
hoy extraeremos una pieza dental que rivaliza en belleza con el
    dolor provocado por la pasión.
Cuando la muerte renazca para inundarnos como a su más
    querido amor
entonces nos sabremos bendecidos por la gracia del sueño
y él no permitirá a las nubes levantarse a orinar lo que nuestros
    deseos ya pensaban seco.

LA VIDA EN PROSA

Cómo se extrañan aquellos tiempos cuando todo en la vida era
prosa,
cuando las hojas de los árboles tomaban su paracaídas y se
lanzaban desde las ramas
en un descenso tan lento hasta rebotar en el fondo del alma,
cuando nos dejábamos el cabello largo hasta que una mujer lo
cortaba
mientras nos besaba bajo el reflector de la luna y nos hacía
perder la juventud.
Entonces qué satisfactorio era dejarlo crecer otra vez y
con la lozanía recuperada
derribar las columnas de todas las peluquerías.
Ah, la vida en prosa.
El aroma de la música llegaba a nuestros oídos mucho más
rápido que a la vista
y nuestro cuerpo con su sombra cabía sin problema en una nube
individual.
La vida en prosa arribaba a muchos puertos
pero el gran favorito era aquel sábado por la noche
que parecía extenderse tanto como los brazos abiertos del verano.
La vida en prosa transcurría sin comas ni puntos suspensivos
y la ortografía de nuestro corazón todavía no se preocupaba por
taquicardias mal escritas.

EL ADN DE LA NOCHE

Para morir debo volver al vientre de la noche,
reconstruir las paredes de sombra que apretaban mi alma
cuando las estrellas aún me alimentaban por el cordón umbilical.
En esa muerte de huesos y dientes de regreso a su forma
    primigenia
por fin sabré qué he sido.
Cuando la noche vuelva a ser mi madre le haré tantas preguntas
    como huesos tiene mi espíritu.
Cuando la noche haya vuelto a parirme
recompensará mi paciencia con las respuestas precisas:
por qué cada vez que despierto me deja huérfano de nuevo,
por qué cuando la sueño me contesta con el lenguaje de los
    insectos,
por qué me dio la vida con su muerte.
El ADN de los sueños brilla con amor de madre en la oscuridad
    de su mirada.
Es el mismo donde me acurruco cuando busco conciliar la
    muerte del lado de la cama que recuerda su vientre
y el calor de su misterio.

MENOS GRASA, MÁS MÚSCULO

De tanta sed
las palabras se marchitaron en la boca.
El alma se llenó de alambres y de ligas
en el intento de enderezar sus ramas.
Tejía el sol su telaraña
para atrapar los sueños que aleteaban detrás de las puertas,
en la oscuridad de la escalera,
atormentados de insomnio,
moribundos de hambre por no inyectar su pesadilla
en los momentos más tristes de la noche.
La mayor preocupación era
el dolor de masticar la dureza de las horas,
el volumen del espíritu retumbando hasta distorsionar el arcoíris,
el sábado iluminando la existencia hasta casi hacerla bella, joven,
        deseada,
la gordura del verano que no conseguiría
mover la sonrisa un miligramo.

TOMORROW NEVER COMES

Una corbata tan pesada que no permite levantar la cabeza para
    mirar al cielo cuando la luna se cubre
de nieve,
flores marchitas en espera de la lluvia para darse una ducha,
el alma expandida a tal punto de calor que comienza a sentir
    apretado el cuerpo,
dificultad para respirar al despertar mientras los pulmones se
    acostumbran al aire de la vigilia,
desconcierto del corazón que se pregunta por qué la luna se
    asoma cada noche a la casa por ventanas distintas.
Cubierto de sueño de las pestañas a la espalda,
embadurnado de cansancio cada fin de quinquenio y los días
    festivos por lluvia.
Si no se tiene nada mejor que hacer
es preferible llevarlo a cabo dormido cuando el clima lo permita.

III

UN WHISKY TAÑE CAMPANADAS EXORBITANTES DE OLVIDO QUE SE ZAMBULLEN AL FONDO DEL REGOCIJO

¿UN PEQUEÑO PASO PARA UN HOMBRE?

I

Un río atraviesa mi sueño y yo me ahogo en sus recuerdos.
La Luna lleva muerta de sed muchos silencios
y qué no daría por que una gota de mi sueño le mojara la
    garganta.
Luna blanca, desierto blanco, blanca soledad iluminada.
Si acaso en verdad nadie ha caminado sobre su piel,
si nadie ha caminado sobre su cabeza dormida
y ella no ha sentido esos pasos que podrían despertarla,
entonces todos los sueños nacen muertos.
¿Quién protege al astronauta de los rayos de soledad
que le impiden a mitad de su viaje llegar con vida y con la piel
    intacta de oscuridad?
El corazón no llegaría a una urbe, ni siquiera a un pueblo,
sino a la casa de la eternidad y con vista al cosmos.
El corazón estaría ya muerto, transparente y hueco
como botella con un mensaje leído por nadie
y es el relato de amor imposible entre un planeta y su
    compañera.

II

¿Cómo no reclamarte, Neil Armstrong
—si fuera el caso—,
haber fingido y prestarte para el gran teatro de la Luna?
¿Cómo no reprocharte el haber basado tu famosa frase en una
    mentira?
Sin embargo, en tu muerte,
seguro has visitado la Luna y muchos centenares de alrededores
    más.

10,000 METROS

A la memoria de mi hermano Jesús Carro Sánchez

Es cada vez más necesario ajustar el lente de la atmósfera
para que distingas a la liebre de la luna
—el animal más lunático existente—
e iguales su velocidad mientras asciende por el tiempo.
Para correr hacia el pasado, tu corazón debe latir como un
    caballo.
Que los días del ayer quemen tus músculos,
que tus pasos incendien las calorías que se interponen entre tu
    carne y tu presente.
Corre hacia tu juventud,
corre hacia los días cuando tu sombra era tu espejo más fiel,
cuando corríamos juntos como una sola sombra,
cuando yo como una sombra te alcanzaba para que tu espíritu no
    corriera solo durante los últimos kilómetros de tu cansancio.
Ahora sabes que para vencer a la muerte
tu corazón debía correr como un caballo.
Todavía lo puedes conseguir si tomas unos cuantos miligramos
    de tu voluntad
porque sabes que no existe anabólico más fuerte que tu propio
    espíritu.
Corre hacia el tiempo cuando aún no se te descomponían los
    ojos.
Juntos correremos tan rápido como esa liebre de la luna
que tantos atletas de tantas culturas y de tantas épocas han
    perseguido.

Juntos correremos tan rápido que dejaremos atrás a tu muerte
y si te quiere alcanzar nuestros corazones correrán como un
   solo caballo que late con el doble de sangre que cualquier
   purasangre.
Y nuestro premio será la juventud que teníamos cuando juntos
   corríamos como una sola sombra en el espejo del día.

EL LIBRO DE TU VIDA

A la memoria de mi cuñada Hortensia Rosas Mendoza

Tu corazón se cerró de golpe con el sonido de sus pastas duras.
Me negué a creer el final de la historia.
Tuve que volver sobre las páginas.
Pero no encontré un desenlace mejor para tu vida.
Los demás lectores de tu corazón sintieron lo mismo,
estoy seguro:
a ellos también tu corazón se les cerró de pronto con la violencia
   de un portazo
que salpicó de tristeza sus propios corazones.
Alguno habrá que para siempre cerrará su corazón sin escribir ni
   una palabra de su imposible esperanza
y llorará una lágrima azul a tu memoria.

CAMBIO DE OFICIO

Sucede que una lápida se cansa de esperar,
sucede que también los cementerios suelen cambiar de oficio.
Yo no sé si tus huesos vibraron aquel día cuando nos
    encontramos de nuevo;
yo no sé si tu polvo de hierro vibró con el imán de mi recuerdo,
pero dentro de mí el tuétano que me heredaste te dirigió algunas
    palabras en silencio,
palabras hechas de pétalos de tiempo sin saber muy bien qué
    decirte.
Probablemente hayas tenido conversaciones más interesantes con
    las raíces que te envuelven,
quizás hayas hablado mejor con los gusanos comedores de tu
    carne,
tal vez hayas tenido soliloquios desde lo profundo de la tierra
    aplaudidos por los caracoles,
pero mi silencio se alegró porque por fin pude encontrarte.
El mapa de tu muerte señala una cruz inexistente;
el mundo entero es un panteón donde se extinguieron las cruces,
donde la mano del olvido borró los nombres de los muertos
cuyas sílabas pisamos impunemente,
aunque a pesar de todo el tesoro de tus huesos permanece
    intacto.
Podría ahora mismo examinar la antropología de tus muelas,
intentar descifrar tu memoria pixeleada,
pero prefiero las imágenes que conservan tu carne en blanco y
    negro en un misterio fijo para siempre
a juntar el rompecabezas de tus huesos.

A LA FLOR DE TU MUERTE

Estoy aquí.
Con el corazón empolvado de sueños,
por encima de los años altísimos
vine a verte.
Te traigo mi soledad, mi orfandad y mi silencio
para que los consueles, los abraces.
Pero también traigo vida,
calor para tus huesos,
compañía para la flor de tu muerte.
Me llevo en los ojos el cielo gris encima tuyo
pero ninguna nube en el corazón,
contento de visitarte,
venir a conocerte,
de que me recibas con la hospitalidad de tu sepulcro
como al hijo imprevisto, casi desconocido,
de plantar una rosa en tu memoria
para que florezcas hacia dentro,
florezcas en la muerte.

ETERNIDAD DESCONOCIDA

Sabían que alguna vez vendría a reclamar su muerte.
Felizmente, se la entregaron en la forma de un aroma
que se guardó en el pecho junto con su esperanza.
Madre de la muerte, madre de la sombra.
Guardó su orfandad en una fotografía
de eternidad desconocida.

MEGAFAUNA

La luna pasta por un cielo donde las estrellas se han ido para
siempre.
Extintas en las ciudades, han encontrado refugio en el campo y
en los bosques.
Ahí habitan las últimas manadas y es el lugar donde acudir para
verlas en su hábitat natural,
último reducto donde es posible que los niños las conozcan.
Ahora, única dueña de esa estelar pradera citadina,
la luna es un animal de aire caliente que sube y baja por las
diversas capas de la noche,
es un Nautilus que lo mismo baja al fondo del abismo hasta casi
tocar el asfalto coralino de las calles
que sube a la superficie de la atmósfera a tomar una bocanada de
aire revitalizante.

A los hombres solo les quedan las farolas que alumbran como
vacas,
los faros de los autos que iluminan como ovejas,
los focos a la entrada de las casas que reciben a ladridos a los
desconocidos,
las lámparas de los burós que cantan como luceros enjaulados:
tristes luces domesticadas que ahuyentan y persiguen a las
estrellas hasta su refugio último.

Todavía recuerdo cuando los volcanes venían a echar una mirada
a través de mi ventana.
Postreros representantes de la megafauna de las eras perdidas,
todavía recuerdo cuando me visitaban para que les acariciara el
lomo,

me refrescara el rostro con su lumbre de nieve en la mañana
   recién lavada.
Hoy se han alejado,
hace tiempo ya el viento no los trae en manso rebaño hasta mi
   vista.
Se han quedado más allá del horizonte
donde no es posible ver cómo fuman sus pensamientos detrás de
   las horas.

FORMICARIO

Cuando las hormigas caminaron sobre mis sueños,
supe que era momento de erradicarlas
a pesar de la estima que les tuviera por sus trabajos insomnes,
de que piensen siempre en plural,
de que el negro o rojo de su movimiento lleve millones de años
    sin cuestionamiento de su política laboral de insectos.
¿Pero cómo deshacerme de ellas con la dignidad debida a sus
    prodigiosos miligramos?
Pensé en ahogarlas en fotografías del mar
cuyos pensamientos se revuelven y destellan en olas
    incomprensibles para el razonamiento humano,
perderlas entre granos de arena tan plurales como ellas,
tan partículas de tiempo limadas por los rayos del sol y de la luna,
que cada hormiga cargara su pedazo de infinito hasta su agujero
porque nunca se sabe cuándo podría necesitarse una reserva de
    siglos si se trata de prolongar la vida de la especie.
Pensé tirarlas desde una gran altura sobrevolando la imaginación
    en un globo aerostático,
que la fuerza del impacto quebrara toda su ilusión de trabajar sin
    descanso, sin amor y sin ortografía.
Pensé obligarlas a respirar un fuego venenoso,
esconderles la esperanza de llenar su madriguera de palabras
    que pudieran canjear por un minuto de sueño activo o trabajo
    sonámbulo.
Pensé en hacerlas acabar con la pandemia de fotografías de los
    últimos cien años,
con cada recuerdo innecesario en la memoria de los enamorados.
Pensé perderlas en museos donde solo pudieran cercenar el
    cadáver del arte,

repartirlo y llevarlo en fila india hasta su tumba definitiva,
ahí donde partículas de color y forma tengan una segunda
oportunidad de electrizar el alma.
Pensé llevarlas de viaje y abandonarlas en hielos perpetuos,
en lugares existentes solo en páginas de libros,
en callejones sin luna, en noches sin salida,
en llamaradas petrificadas, en desiertos líquidos
donde no hay humanos que se opongan a su derecho al libre
tránsito.
Pero me toqué el corazón y les di a las hormigas su propio
planeta
para llenarlo de sílabas, para horadar sus entrañas,
para soñar las casas que deseen invadir
sin que sus industriosos dueños intenten coartar su libertad de
trabajar
en días festivos, jornadas extras sin paga y domingos triplemente
feriados.

MARABUNTA

¿Qué hago yo con las hormigas que caminan sobre mi pierna
   izquierda,
esas cosquillas rojas que deambulan encima de ella pero no se
   atreven a morder,
se meten hasta el tuétano y sin pasar por mi fantasma vertebral
   llegan hasta mi mente
la cual invaden pero tampoco se animan a comer esas
   adormecedoras hormigas vegetarianas?
Y me digo: ponlas a escribir, ponlas a filosofar,
que justifiquen su presencia en tus futuros despojos,
que te ayuden a morir.
Porque no podré morir mientras siga escuchando a las estrellas
   cuchichear detrás de las nubes,
porque no podré morir mientras la marea del firmamento me
   salpique a través de la ventana abierta,
porque no podré morir hasta que la luna deje de mirarme,
porque no podré morir hasta que las hormigas me hayan dejado
   solo,
hasta que se hayan llevado su rojo cosquillear
muy lejos de mi mente y corazón.

X7

En el espejo el gato mira sus siete almas,
siete vidas gatunas erizándose al unísono;
maúlla de noche acompañado por un coro de siete sombras.

El gato en el espejo mira siete,
se pregunta, se aleja
y siete vuelven la cabeza.

ÍNDICE

I. EL VELOZ MURCIÉLAGO HINDÚ...

II. LA CIGÜEÑA TOCABA EL SAXOFÓN...

III. UN WHISKY TAÑE CAMPANADAS...